保育者応援BOOKs

保育者の人間関係Q&A

編著●チャイルド社　監修●渡邊暢子

JN034400

チャイルド社

はじめに

子どもは一人ひとり違います。
保育者も一人ひとり違います。
だから保育は、おもしろいけれどむずかしいのです。
こんなときどうしたらいい？——保育の仕事を始めたばかりのみなさんはとくに、
毎日が悩んだり迷ったりの連続でしょう。

そこで本書では、
毎日の保育のなかで出会うことの多い「どうしたら？」を具体的にあげてみました。
そして、大人の都合ではなく、子どもの目線で考えることを大切に、
答えを用意してみました。

実際に直面している個々のケースに、
この答えがそのまま通用するわけではないでしょう。
しかし、保育の質を高めるために大切なのは、
保育者自身が自分で考えスキルをアップさせていくことです。
そのためのヒントのひとつとして、
本書を役立てていただければ幸いです。

チャイルド社　出版セミナー部

保育者応援BOOKS
保育者の人間関係

CONTENTS

職員間

● 毎日の保育で生まれる保育者のリアルな悩みを取り上げました。
● 悩みに対する直接的な回答だけではなく、保育に必要なスキルや、すぐに使える
　アイデアを紹介しています。

目次ページ（見開き）画像

気になるテーマや項目を選んで読むことができます。

キーワード検索ページ画像

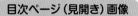
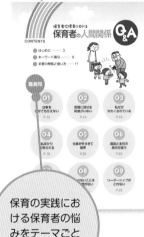

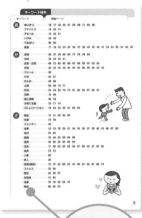

保育の実践における保育者の悩みをテーマごとに配置しました。

保育にかかわるキーワードから検索できます。

現場のリアルな悩みを具体的に記しています。

本文見開き画像

「悩み」に対して、基本となる考え方や具体的な対応の仕方を紹介しています。

回答を捕捉する情報や、さらに必要なスキル、すぐに使えるアイデアを紹介しています。

11

Q1

職員間

仕事を任せて もらえない

保育者1年目です。保育だけでなく、製作準備など何をするにも時間がかかるため、同僚がすべてやってくれ、仕事を任せてもらえません。

1年目は学ぶ時期。 ただし、待っているだけでなく、 自分から仕事を探し取り組みます。

　1年目は、何をするにも時間がかかるのはある意味、当然です。仕事を任せてもらえないと落ち込むのではなく、同僚に仕事をフォローしてもらっていることに感謝し、今はいろいろと学ぶ時期と心得ましょう。

　どのような業務にどれくらいの時間がかかるのかを自分自身で振り返り、そのうえで同僚の仕事の仕方をよく観察します。段取りや仕事をスムーズに進める工夫をどのようにしているかを把握し、「これはいいな」と思うものは取り入れましょう。

　また、仕事を与えられるのを待っているのではなく、やらなければならない仕事のなかでできそうなことを見つけ、自分から取りかかりましょう。どんなに小さな仕事であってもきちんと仕上げることの積み重ねが、まわりからの信頼につながります。

積極的に仕事を探す

- ◎「いま、何かできることはありますか」「この次に、しておくべきことはありますか」などとまわりに声をかけ、積極的に仕事を探す。
- ◎「早く仕事を覚えたい」という姿勢を大切にする。

早めに準備に取りかかる

- ◎限られた時間のなかで仕事を終えるために、仕事の段取りを同僚に相談する。
- ◎必要な時間数を検討し、早めに取りかかる。

得意なことで役に立つ

- ◎自分が得意とすることがあれば、それをアピールしていく。
- ・草花などを使った野遊びが得意
  → 絞り染めの活動を提案する
- ・整理整頓が得意
  → 物置の整理を進んでする

Q2

職員間

気軽に話せる
同僚がいない

採用が少ない園で、今年度の入社は私1人でした。ここ3年ほど採用がなかったため、まわりは年上ばかり。気軽に話せる人がおらず、息がつまります。

こちらから積極的に
話しかけることで、
よい関係が築ける場合もあります。

　同期がいないという状況は自分では変えられないので、年上の人の考えを知るチャンスだと気持ちを切り替えましょう。息がつまる関係を自分から変えていくことも大切です。

　きちんと考えを伝えないといけないなどと堅苦しく考えず、子どもの様子や保育のことなどを話題に話しかけましょう。話しかけることは、まわりと打ち解けたいという思いのあらわれです。積極的に話しかけるあなたの思いを感じてもらえれば、まわりの人も好感をもち、気軽に話せる関係になれるかもしれません。親しくなることで、自分の考え方の幅を広げてくれる存在になる可能性もあります。

プラス

世間話も話題の ひとつ

- 子どもの様子や仕事のうえで必要な要件だけでなく、天気や最近話題になっている音楽など、どんなことでも話すきっかけにする（p.66 コラム『雑談のコツ』参照）。

勉強会などに 参加する

- 勉強会や講演会などに参加し、職場以外にも仲間をつくる。
- 同じ志をもつ仲間と知り合うことで、視野が広がる。

じょうずに気分 転換を

- 学生時代の友だちや趣味の仲間と話すことで、気分転換をはかる。
- 旧知の友人と話すことで、前向きになるきっかけにする。

私だけ冷たく されている

同じクラスを担当する先輩保育者の私に対する態度が、ほかの人への態度と比べて冷たいと感じます。どのように接したらよいでしょうか。

互いに理解を深めるために こちらから歩み寄る努力を してみましょう。

　相談者自身がそう感じる原因に思いあたることはありませんか？　あるいは先輩は、何かのきっかけで相談者のことを誤解しているのかもしれません。まずは、これまでの自分の言動を振り返ってみましょう。

　互いの理解が不足しているために生じる不信感は、会話を通して解決できることもあります。自分のほうからあいさつをしたり、保育の相談をするなどして、歩み寄る努力をしましょう。

　「何か自分に言いたいことがあるなら遠慮なく教えてほしい」と伝え、理解し合いたい気持ちがあることを素直に示してもよいでしょう。

プラス

あいさつと笑顔は欠かさない

● 嫌われていると思うと萎縮するが、あいさつと笑顔だけは欠かさないようにする。
● 子どもの前で自分が望ましい姿でいられるように心がける。

園長や主任に相談してみる

● 園長や主任など信頼できる人に相談して、意見を聞いてみるのもよい。

「みんな違って、みんないい」を心に留める

● それぞれ違う考えをもっているからこそ、互いに話し合うことが大切。
● 違う考えも大事だと思うことで、しだいにわかり合えるようになる。

みんな違って、みんないい

04

職員間

私ばかり
注意される

新卒で3人入社しましたが、私ばかり園長に注意されます。ほかの2人と同じようにふるまっているつもりですが、何がいけないのでしょうか。

自分の気持ちを素直に伝え、
相手の考えも聞いてみましょう。

　同じようにふるまっているつもりでも、受け取る側は何か違いを感じているのかもしれません。自分では気づいていない、たとえば話し方のくせや態度などがあるのかもしれません。

　同期入社の仲間に、率直に自分の気持ちを話して相談してみることはできますか？　先輩に自分の思いを話し、アドバイスをもらう方法もあります。あるいは直接、園長に相談し、より具体的なアドバイスをもらえるようお願いするのもよいかもしれません。

　いずれにしてもコミュニケーションは双方向で成り立つものです。自分が疑問に思っていることを素直に伝え、相手の考えを聞くことを大事にしていきましょう。

指摘はありがたく
受け止める

● 注意されることについては、成長の糸口がつかめたと前向きにとらえる。

● 「ご指摘ありがとうございます」と感謝の気持ちを伝える。

目に見える姿以外の
ものもあると考える

● 自分には見えないところで努力をしている人もいると考える。

● 自分もできるだけの努力をしていく。

ほかの人と
比べない

● 言われたことは素直に受け止め、ほかの人と比べないようにする。

ご指摘
ありがとうございます

Q5

職員間

仕事が多すぎて限界

新人ということもあり、どんどん仕事を頼まれるのですが、もう手いっぱいです。この状況を誰にどのように伝えたらいいのでしょうか。

仕事を書き出し、優先順位をつけたうえで身近な同僚や先輩に相談しましょう。

新しい人に仕事を早く覚えてほしいと思うあまり、まわりがそれぞれ仕事を頼んでいるのでしょう。それが一人で抱える仕事量の限界を超えてしまっているのですね。とはいえ、ただ「大変だ」というばかりでは、やる気がないとみなされることもあります。

まずは、どのような仕事を頼まれているのか書き出してみましょう。そして、緊急性のあるものや提出時期が決まっているものなどから、優先順位をつけます。そのうえで時期が重なっているもの、自分ではやりきれないものを整理しましょう。

そして、同僚や先輩に状況を伝えます。

あなたの相談が、新人に頼む仕事内容をみんなで考える機会になるかもしれません。

プラス

仕事を任せてもらえることに感謝の気持ちをもつ

- 仕事を任されるということはまわりの期待のあらわれととらえる。
- ありがたいという気持ちを忘れず、前向きな姿勢をみせる。

できるだけ早く相談する

- このままでは仕事が終わりそうもないと思った時点で、なるべく早く相談する。
- ほかの誰かに頼むとか手分けをするなどの対処を相談する。

自分ができる範囲を伝える

- 「ここまでならできる」と範囲を明確にする。
- どうしてもできない部分について相談をする。

Q6

園長と主任の
指示が違う

園長の言うことと、主任の言うことが違います。どちらの指示に従えばよいでしょう。

言われたことを整理し、
内容を確認したうえで、
それぞれに相談してみます。

　日常の指示など些細なことであれば、「さっきはこのように言われたのですが」と伝え、判断を仰ぎましょう。

　子どもへの接し方や保育の内容にかかわることであれば、園長と主任の言うことの何がどう違うのか、内容を書き出し、整理してみます。

　それぞれが全然違うことを言っているように思えても、実は言葉の言い表し方が違うだけという場合もあります。

　それでも違うと思ったら、まずは主任に相談しましょう。園によって役職や責務内容に違いがありますが、一般的に指示系統は園長から主任、職員になります。

　主任に、「話の内容をこのように理解したのですが、大丈夫ですか」などと内容を確認し、それでも園長の指示と異なると感じたときは、主任から園長に確認してもらうようお願いをしましょう。

園長と副園長・主任の職務

一保育士であっても、園長、副園長、主任の職務を理解しておくとよいでしょう。

＜園長＞
園全体の代表者で、運営から経営まですべてに責任をもち、とりまとめる。

● 園の経営・資金管理　　● 施設の安全管理・衛生管理
● 保育者の管理・指導　　● 他園や外部との交流・交渉
● 保護者への対応　　　　● 新規採用
など

＜副園長・主任＞
副園長は園長の補佐として園全体に目を配り、運営や経営などのサポートをする。主任は園の保育全体を把握し、業務調整をおこなう。

● 園長の補佐　　　● 保育指導　　　● 保育者の業務調整
など

Q7

職員間

先輩への
伝え方に悩む

同じクラスの担任の子どもへのかかわりについて保護者から苦情がありました。でも、相手は私より先輩。どのように伝えたらよいか迷います。

保護者からの指摘内容を
クラス担任全体の
課題としてとらえる

　相手が先輩の場合、注意をするのはむずかしいですね。

　保護者からの指摘を先輩への苦情としてではなく、クラス担任全体の課題としてとらえ、共有し、今後の子どもへのかかわりをどう改善していくかを一緒に考えてはどうでしょうか。

　「保護者からこのような苦情があった」という形で伝え、特定の誰かの言動の良し悪しを指摘し合うのではなく、クラスの問題として話し合います。

　日ごろからコミュニケーションを通して保育者同士が信頼関係を築き、何かあったらみんなで話し合える雰囲気をつくっておくことも大切です。

プラス

指摘や要望は
日ごろの関係性を
ふまえて伝える

● ほかの保育者がいるなか
　で伝えられるよりも、直
　接伝えてほしいという人
　もいる。日ごろの関係性
　をふまえて伝える。

保護者からの指摘は
園長や主任と共有する

● 保護者からの苦情や要望は担
　任の間だけにとどめず、園長
　や主任と共有する。
● 苦情の場合は告げ口にはなら
　ないように配慮しながら状況
　を説明し、園長や主任から対
　応方法も含め伝えてもらう。

クレームが…

Q8

職員間

わからないことを聞く時間がない

中途採用で入社し、業務の進め方などわからないことばかり。まわりの方は忙しそうで、聞いても「あとでね」で終わってしまいます。

A

タイミングをみて効率的に聞けるようわからないことを箇条書きにし、整理しておきましょう。

　わからないことをそのままにせず、聞こうという姿勢は大事です。

　相手の手が空いていると思ったときに効率よく質問できるよう、わからないことを箇条書きにするなど整理しておきましょう。

　整理をすることで、まわりの人の動きを観察するポイントも絞られ、聞かずとも理解できてくるかもしれません。

　聞くタイミングがつかめないときは、「いつならよろしいですか」と聞いてみます。時間をとってもらえるようお願いしてはどうでしょう。

　どうしても時間がとれないときは、質問のメモを渡して、相手のタイミングで答えてもらうようお願いしてみましょう。

プラス

緊急度の高いものは、その場で教えてもらう

●緊急度の高いものは、早く知りたい理由を伝えてその場で教えてもらう。

●あとでも構わないものは、聞きたいと思ったときにその都度メモをしておく。

質問メモは相手が答えやすいよう整理する

●質問メモを渡す場合は、質問をカテゴリー別にまとめるなど、相手が答えやすいよう配慮する。

答えてもらったら感謝の気持ちを伝え、その後の経過報告を怠らない

●質問に答えてもらったら「ありがとうございます」「助かりました」など、言葉で感謝の気持ちを伝える。

●回答を得て変化したことがあれば、その報告もする。

Q9

職員間

リーダーシップが
とれない

クラス担任3名のなかで、リーダーを任されました。
私はおとなしい性格のため、うまくリーダーシップが
とれません。

3人で話し合い、
協力体制をつくることを
目指していけば大丈夫です。

　おとなしい性格とありますが、たとえば、まわりの
話をよく聞き考えを受け止められるなど、リーダーの
素質を見込まれて任されたのではないでしょうか。

　以前は、自分の考えた方向にメンバーを引っ張って
いくことがリーダーシップだとされていました。しか
し、最近では、メンバーの意見を聞き、それをまとめ
て方向性を見つけ、チームワークを大事にしながら組
織を運営することがリーダーシップだとされています。
性格がおとなしくても、リーダーシップはとれるので
す。

　3人3様の保育観があると思うので、それぞれの違
いを認め、すり合わせながらチームとしての協力体制
をつくり出していくことを目指しましょう。

自分の意見を前面に出すことは控える

◉リーダーの役割は、みんなの意見をとりまとめ、方向性を決めること。自分の意見でまとめようとしない。

小さなことでも話し合う

◉担任間でなんでも話し合う習慣をつくる。
◉自分の意見を言うことに慣れ、その意見を聞いてもらえるという安心感がチーム内の信頼関係を築くことにつながる。

Q-10

職員間

同僚が注意を
受け入れない

子どもをきつい口調で叱る同僚がいます。先日、さりげなく注意してみましたが、「あなたとは保育観が違う」と受け入れてもらえませんでした。

きつい口調になる背景をとらえ、
「注意」ではなく、
理解し合える機会をつくりましょう。

　注意をするのは、言う方も言われる方もいやな気持ちになるもの。気になることを伝えるときには、「注意」にならない方法を考える必要があります。

　同僚がきつく注意するのはなぜでしょう。子どもへのかかわり方にゆとりがない、それとも、しつけは大事と考えたうえでのことなのでしょうか。同僚の言動を客観的にとらえてみましょう。

　そのうえで、どのような考えで保育をしているのか互いに理解し合うことが大切です。具体的な子どもの姿を出し合い、かかわり方を話し合うことで、それぞれの保育観が見えてきます。どちらが正しいというのではなく、「そうか、相手はこういう考え方で保育をしているんだ」と気づくことで、「注意」ではない意見の交換ができるのではないでしょうか。

プラス

「どうしたらいいでしょう？」と相手の考え方に耳を傾ける

◉相手を非難する言い方ではなく、「〇〇くんにどのようにかかわればよいと思いますか？」と相手の保育の考え方を聞く。

保育の方向性を一緒につくりあげる

◉考え方が違っても、相手の考えをまずは受け止める。
◉会話を通して同じ方向性を探る。

主任に気を遣い、疲れる

主任は気分によって態度が変わります。ちょっとしたことで気分を害し、しばらくイライラが続きます。いつも気を遣い、疲れます。

あいさつだけはきちんと。ときには少し距離を置くことも考えて。

　どこにでもこういう人はいます。ほかの誰にでもこのような態度なのだとしたら、あなたのせいではありません。基本的には、あまり気にしないことです。

　あいさつだけはきちんとし、機嫌が悪いと感じるときは、少し距離を置いてもよいでしょう。

　主任は、責任の重さや個人的な悩みを抱えているなど、ストレスや孤独を感じているのかもしれません。そう思って主任のことを考えれば、少しは気持ちが楽になりますか？

保育に影響が出ないようにする

- 保育の相談ごとなどは、タイミングを見極めながらもちかける。
- 状況が改善せず、保育に支障が出そうな場合は、まわりに相談する。

子どもに目を向ける

- 相手の機嫌をうかがうことに気をとられず、子どものことに目も気持ちも向ける。
- 子どもへの対応がおろそかにならないよう意識する。

Q12

職員間

食事や遊びの誘いを断りたい

職場はみんな仲がよく、食事や遊びに誘われます。
でも、私は仕事とプライベートとは分けたいのです。
どのように断ればよいでしょうか。

好意に感謝をしたうえで
参加できない旨を伝えます。
ときには参加し、
コミュニケーションを楽しんでも。

　勤務外の誘いに無理に参加する必要はありませんし、断れない雰囲気があるようでしたら、声を上げる勇気も必要です。それで壊れるような関係でしたら、信頼関係が成り立っているとは言えず、本当の意味で仲がよいとは言えません。

　一方で、勤務時間内外の交流やコミュニケーションが職員同士の信頼関係を築く機会になっていることも事実です。仕事は仕事と割り切るだけでなく、ときには参加して交流することは、人とのつながりを深める機会になるかと思います。

　勤務時間内外の交流やコミュニケーションは人を育てる仕事の役に立つ場合もあります。

プラス

下手なうそをつかない

● 下手なうそをつかず、誘って
くれたことへの感謝の気持ち
を伝えたうえで、「今日は失
礼します」と伝える。

● 誘ってくれた相手に失礼にな
らないよう、好意に感謝をし
たうえで参加できない旨を伝
える。

3回に1回くらいは
参加し、気楽に話せる
機会を大切にする

● ときには園の外で気軽に話
せる時間をもつ。

● コミュニケーションを楽し
むことは、仕事での関係性
にも生きてくる。

誘ってくれて
ありがとう

Q·13

職員間

同僚の昇進に納得できない

中途採用で入社しました。入社は私より1年早く、保育経験は私より3年以上短い新卒入社の保育者が先に昇進しました。納得がいかず、それ以来、関係がギクシャクしています。

わからないことや不明な点は、直接たずねて納得したうえで、気持ちを切り替える努力も必要です。

　入社時に、就業規則や人事評価規定などの説明を受けていますか。昇進に関してわからないことや不明な点があれば、事務担当者や主任などに聞いてみることも大事です。必要であれば園長に直接、たずねてみましょう。

　一方で、この問題は新卒入社の保育者のせいではありません。相手もあなたの気持ちを察しているものの、謝る話でもないですし、気まずい思いをしているかもしれません。

　互いにいやな気分で働くのはよいことではないので、ここはあなた自身が感情の整理をしましょう。仕事を通して評価される存在になれるように、気持ちを切り替えてみませんか。

プラス

主任や園長と
具体的に話し合う

- 昇進に関する不明点など
をたずねる。
- 今後自分がどうなりたい
か、それに向けてどうし
たらよいかを具体的に話
し合う。

仕事以外に楽しんだり、
打ち込めることをもつ

- 気持ちを切り替えられるよう、
職場以外に楽しさが感じられ
る趣味などをもつ。
- 負の感情を引きずらず、笑顔
で子どもと会えるよう、リフ
レッシュタイムを意識してつ
くる。

Q14

職員間

結婚休暇を
とりづらい

結婚が決まり、結婚式の前後、新婚旅行で休みをとります。就業規則で決められた範囲なのですが、まわりからいやみを言われます。

当然の権利なので、堂々と取得を。ただし、感謝の気持ちをもつことは必要です。

　職場の人にしてみれば、理解はしていても現実にはその期間の業務が増えるため、つい口や態度に出てしまうのでしょう。いやみを言われるということですが、どのような内容でしょうか。

　休みをとることについてだけではなく、感情的な内容が含まれているとすれば、もしかしたら、自分に何か課題があると考える必要があるかもしれません。職場の人間関係や自分の仕事への向き合い方などについて、自分を振り返るよい機会ととらえましょう。

　なお、休みをとることは働くうえで当然の権利であり、堂々と取得してよいのですが、自分が休んでいる間、まわりの人にフォローしてもらうので、感謝の気持ちをもつことは必要です。

　まわりから祝福される門出にできるといいですね。

いやみなどを強く
言われる場合は
主任や園長に相談する

- ひどいいやみはパワーハラスメントにあたる可能性もあるため、主任や園長に相談する。
- 主任や上司から、休暇が就業規則で決められた範囲内であることを、改めて説明してもらう。

休暇中の引継ぎを
しっかりする

- 休暇に入る前にしておくこと、引き継ぐべきことをメモなどにまとめる。
- 自分でできることはすべてすませて引き継ぐ。
- 必要に応じてメモなどを渡す。

感謝の気持ちを
伝える

- 休みをとる前ととったあとに「ありがとうございます」「お世話になりました」と口に出して伝える。

Q15

職員間

有給休暇を
とりづらい

有給休暇を申請しようとすると、同じクラスを担当している同僚からいやな顔をされます。同僚はほとんど休みません。

園全体で働き方を見直し、みんなが有休休暇をとりやすい環境をつくりましょう。

「働き方改革」で、年次有給休暇を5日以上取得することが義務化されました。いままでは働く側からの申請を受けつける形でしたが、法の改正により、申請があってもなくても年間5日は取得させなくてはならなくなりました。まずは、このように法律が改正されたことを園長から説明してもらえるよう、会議の議題として提案してみてはどうでしょう。

園の職員全員が、有給休暇をとらなくてはならないことが理解できれば、互いに調整し合って休みをとれる環境になるのではないでしょうか。

たとえば、勤務表を作成するときに休暇の申し出をしてもらい、調整や割り振りをするなど、よいやり方があるはずです。

まわりに声をかける

● 「有休をとる日を調整しませんか」と声をかける。
● 行事の少ない月などに、みんなが順番に休めるよう調整する。

休む勇気をもつ

● みんなが遠慮せず休みをとれる環境をつくるためにも、決められた休みはきちんととる。

働き方改革とは

「働き方改革」は、働く人が個々の事情に応じた多様で柔軟な働き方を自分で「選択」できるようにするため、労働時間法制の見直しや雇用形態にかかわらない公正な待遇が確保されるようにしたものです。

有給休暇については、働きすぎや有給休暇の取得のしづらさを改善するために、労働基準法が改正され（2019年4月施行）、使用者は、法定の年次有給休暇付与日数が10日以上の全ての労働者に対し、毎年5日、年次有給休暇を確実に取得させることが義務づけられました。

これまでは労働者自らが有給休暇を申請していましたが、今後は企業が労働者の希望を聞き、希望をふまえて取得時期を指定することで、確実に有給休暇を取得できる仕組みになりました。

Q16

職員間

「男性だから」と仕事を頼まれる

男性保育士です。「男性だから」という理由で、力仕事や木の剪定（せんてい）などの高所作業などを頼まれます。実は高いところが苦手なので、できれば断りたいのですが。

自分の思いは素直に伝え、苦手なことは手助けを頼みましょう。

　「男だから得意では」という先入観での依頼でしょうから、なおさら苦手は素直に伝え、一人でできないときには協力を求めましょう。伝えなければ、依頼がどんどん増えてくることになりかねません。

　やったことのない仕事は、経験がないので教えてほしい、一緒にやってほしいと伝えるようにしていきます。

　なお、「男性だから」と性差の決めつけによる業務命令や強要があるとすれば、ジェンダーの問題とともにパワーハラスメントの問題になる可能性もあります。

　まずは、園長や主任に自分の思いを言葉で伝えることが大事だと思います。

代替案を出す

● 苦手であっても、与えられた仕事はまずやってみる。
● できないときは、ただ断るだけでなく、「○○ではなく、××をやります」などと代替案を出す。

自分の得意分野をアピールする

● 虫が好き、ギターが弾けるなど、自分の得意分野で保育に役立てられることをアピールする。
● 「男性」ではなく「自分」の存在を保育のなかで認めてもらう。

Q17

保護者

はしの練習を
園任せにする

はしの練習を家庭でもしてほしいと伝えると「園に任せている」と言われました。その子だけ、はしが使えないので、もう一度、保護者に伝えてみようと思うのですが、よい伝え方はありますか。

うまく使えていないことを
伝えるのではなく、
具体的な練習の仕方を伝えます。

「園に任せている」と言ってもらえることは、信頼されているということ。そこは素直に受けとめましょう。保護者は、やりたくないわけではなく、やり方がわからないのかもしれません。

ただ、家でも練習をしてほしいと伝えるだけではなく、園での取り組みの様子を、具体的に資料などにして渡します。そして、正しくはしが使えるようになるには経験を重ねることが大事で、そのためにも家庭でも練習をしてほしいことを伝えましょう。

なお、生活習慣全般において園任せの傾向があるようでしたら、家庭内の事情や保護者の心理的要因をとらえ、保護者の負担にならない方法を模索しましょう。

保護者にも正しい持ち方を伝える

- 保護者自身もうまくはしを使えない場合がある。
- 給食だよりや園だよりで、はしの正しい持ち方をイラストなどで紹介する。

はしの練習を遊びとして提案する

- 「はしの練習」ではなく、「はしを使う遊び」を紹介する。

・割りばしでスポンジをつまむ
・はしで豆をつまみ、別のお皿に移す

はしの選び方を伝える

- 家庭で子ども用のはしを購入するとき用に、子どもが持ちやすく扱いやすい材質や長さを伝える。

・長さの目安は、親指と人差し指を直角に広げた長さの1.5倍

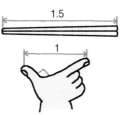

・竹製や木製がすべりにくく、つかみやすい
・プラスチック製のものはすべりやすく、つかみにくい

個人情報を
もらしてしまった

保護者

家庭の事情について保護者から報告があり、職員間内で共有しました。後日、それが保護者間でうわさになり、私が広めたのではないかと保護者から苦情が。どう対応したらよいでしょうか。

まずは誠心誠意謝ります。
そして、今後の対応について
園内で検討し、その結果を
保護者にも伝えましょう。

　保育者を信頼して相談した保護者が、園内のうわさになっていることを知ってショックを受け、苦情を言ってくるのは当然です。まずは、誠心誠意謝りましょう。個人情報に関する問題ですから、あなただけでなく、園全体の問題としてとらえ、園長など上司とともに謝罪します。

　今後このようなことがないように、どうしてうわさが広まったのか原因を究明し対策を考えます。あわせて、保護者や子どもの個人情報やプライバシーに関する情報についての取り扱い方法を、しっかり職員間で話し合いましょう。

　決まったことを書面にして保護者全員に配布するなど、改善点を伝えることも大切です。

情報共有をする
前に確認する

●個別に伝えられた内容
　を、園長や主任などに
　伝えて相談してもよい
　かを保護者に聞く。

保護者と話す場所や
時間に配慮する

●プライバシーにかかわる相
　談ごとなどは、ほかの職員
　や保護者などに聞かれない
　ように、場所や時間を設定
　する。

保育者同士で話す
ときもまわりに
配慮する

●保育者同士で話すときは
　内容はもちろん、まわり
　の様子にも配慮する。
●保育者同士の立ち話を子
　どもが聞き、それが保護
　者に伝わることもあると
　心得る。

Q 19 保護者

発表会の役決めに苦情が

発表会での劇遊びの役決めについて、保護者から「平等ではない」と不満を言われました。子どもたちの話し合いで決めたことだと伝えても、納得してくれません。

子どもからの情報だけだと偏ってしまうことも。クラスとしての情報提供を折にふれて、ていねいに。

　保護者の不満は役柄に対してだけではないかもしれません。まずは、保護者がどのようなことに対して「平等ではない」と感じているのか、保護者の話をしっかり聞いて探ります。

　子どもを通して感じていることがあるとすれば、子ども自身が取り組みの内容や自分の役割などに納得していない可能性もあります。また、子どもからだけでは、偏って伝わることもあります。

　そこで、どのように役決めをしたか、保育者からどう働きかけて、子どもたちからはどのような発言があったかなど、役決めの様子をクラスだよりなどで具体的に知らせてみましょう。その後の子どもたちの取り組みの様子も折にふれて伝え、いきいきとした子どもの姿を通して、理解を深めてもらいましょう。

どの役も必要だと伝える

●劇遊びにおいては、主役も脇役もなく、どの役も必要であることを伝える。

ほかの演目も含めて、子どもの出番を調整する

●発表会で、劇のほかに合奏など複数の演目をおこなう場合、演目全体で出番の数や役割のバランスをとる。

どの子にもスポットがあたるように配慮する

●発表会だけでなく、保護者参観や運動会など、年間を通していろいろな子にスポットがあたるよう考える。

Q-20

保護者

態度が悪いと
クレームが

「態度が悪い」と、保護者から園長にクレームが入りました。自分としてはマナーを守って行動しているつもりなので、どう態度をあらためたらよいのかわかりません。

自分ではマナーを守っている
つもりでも、
相手が不快に感じていることが
あるのかもしれません。

　具体的にどのような態度が悪いと指摘されたのでしょうか。園長にクレームの内容を伝えてもらい、自分の行動を振り返ってみます。同時に、日々のあいさつや笑顔での受け答えなど、人間関係における基本的なマナーが守れているか、あらためて確認してみましょう。

　自分ではあいさつをしているつもりでも、声が小さかったり目をそらしていたりなどで、相手から「あいさつもちゃんとできない」と思われる場合もあります。

　自分の思いとまわりの見方が異なることもあるので、クレームがあったことを改善の機会と受け止め、園長やまわりのアドバイスをもらいましょう。

プラス

自分の言動を
見直す機会にする

●自分で気づかない言動
　のくせを見直す。

職員間でマナーを
確認する機会をつくる

●マナーに対する理解や考え
　方を共有したり、互いの行
　動をチエックする機会をつ
　くる。
●「マナー」を研修会や勉強
　会などのテーマとして提案
　する。

保護者との
信頼関係をつくる

●あいさつやちょっとし
　た雑談など、日常的な
　コミュニケーションを
　意識してとる。

Q21 保護者

特定の親子を
ひいきしていると
思われた

母親に持病があり、しばしば遅刻してくる親子がいます。その事情を知らない保護者が「なぜあの親子には遅刻を注意しないのか」と。どう答えたらよいでしょうか。

特定の親子だけでなく、誰にとっても過ごしやすい環境を工夫してみましょう。

　様々な事情を抱えている保護者に個別に対応することは大変ですが、大事なことです。一方で、その事情を知らない保護者が「なぜ？」「ずるい」と思うのも無理はありません。

　そこで、少し発想を変えて、事情を抱えている親子もそうではない親子も「遅刻」になりにくい状況をつくってみてはいかがでしょうか。たとえば、登園時間の幅を広げてみる、登園やお迎えが遅れるときは連絡があれば柔軟に対応する、などです。誰にとっても過ごしやすい環境を工夫することで、こちらには伝わっていないけれども何か困難を抱えている保護者を救うことになるかもしれません。

　また、保護者同士が交流したり、子育てについて共感し合える場をつくるなどの工夫をしましょう。

保護者の悩みを聞く機会をつくる

●個人面談以外にも保護者の話をじっくり聞く機会をつくり、細やかに対応していく。

保護者が仲よくなる工夫をする

●保護者会の自己紹介にゲームを取り入れるなど、保護者同士が親しくなれるよう工夫をする。

Q-22

保護者

お迎えが遅い
保護者

お迎えの時間にいつも20分以上遅れる保護者がいます。事前に連絡してもらうよう再三お願いしていますが、なかなか聞いてもらえません。

遅れる事情を保護者に聞いたうえで具体的な対策を立てます。

　保護者に、お迎えの時間に遅れる事情を聞いていますか？　遅れることを責めたり問いつめたりするのではなく、事情があるなら理解したいという思いが伝わるように、ていねいに話を聞いてみましょう。

　まわりが残業をしていて途中で抜けにくい雰囲気がある、帰社間際に電話がかかってくることが多いなど、遅れるにはそれなりの理由があるのかもしれません。

　通常保育内でのお迎え時間に遅れるということであれば、保育時間の変更を提案したり、延長保育の登録をすすめるなど具体的な対策を立てましょう。すでに延長保育を受けていて、それでも遅れてくるのであれば、園長に話をしてもらうのがよいと思います。

行政のサポート事業を把握しておく

●ファミリー・サポート・センター事業のサービス内容を把握して、保護者に提案できるようにしておく。

ファミリー・サポート・センター事業

ファミリー・サポート・センター事業は、子育て中の労働者や主婦等を会員として、子どもの預かりの援助を受けることを希望する者と、援助をおこなうことを希望する者との相互援助活動に関する連絡、調整をおこなうものです。

実施状況は地域によって異なるので、行政に問い合わせましょう。

＜相互援助活動の例＞

●保育施設等までの送迎をおこなう

●保育施設の開始前や終了後または学校の放課後、子どもを預かる

●保護者の病気や急用等の場合に子どもを預かる

●冠婚葬祭やほかの子どもの学校行事の際、子どもを預かる

●買い物等外出の際、子どもを預かる

●病児・病後児の預かり、早朝・夜間等の緊急預かりをおこなう

けがの対応が悪いと非難された

保護者

散歩で子どもが転倒。見た目はすり傷程度で、本人も大丈夫というので様子を見ていましたが、不安になり、病院へ連れていくと骨折との診断。その後、保護者から受診が遅かったことを厳しく非難されています。

対応の遅れを率直に謝罪し、信頼関係をとり戻すべく誠実に対応していきましょう。

　子どもの骨折はすぐに腫れないなど、見た目でけがの程度を判断できず、様子を見ることもあります。ただ、転び方などから少しでも骨折の疑いを感じたら、すぐに受診するべきでした。

　保護者対しては対応が遅れたことを率直に謝罪すべきです。園に対する信頼が揺らいでいると思われるので、日々の子どもの様子を記入するレポートやノートをつくり、保護者に毎日提出するなど、誠実に対応していきましょう。

　けがをした子どもにも痛い思いを長引かせてしまったことを謝り、その後の園生活でストレスを感じさせないように活動の仕方などに配慮しましょう。

園でのけがは
園の責任と心得る

- 不可抗力であったとしても、園でのけがは全面的に園の責任。言い訳はせず、真摯に謝罪する。

園内のけがは最後まで
園で対応する

- けがをしたときに病院に連れていくのはもちろん、その後通院が必要になった場合も原則、園で連れていく。
- 園内でのけがは最後まで園で責任をもって対応していく。
- 園での通院の経過を保護者に報告する。

けがや事故の対応を
再度見直す

- 園内での迅速な報告・共有方法を改めて見直す。
- 最寄りの医療機関を把握し、乳幼児の受け入れの可否を確認するほか、休診日なども把握する。
- 医療機関に関する情報を園内で共有する。

Q24

保護者

子どものけんかに保護者が謝罪を要求

ふだんは仲がよいけれど、よくけんかもする2人の子どものうち、一方の保護者から相手の親に謝罪をしてもらいたいと要求がきました。どう対応したらよいでしょう。

園で起こったことは園で対応します。

　保育中の子どものけんかに関して、保護者に謝罪を依頼するなどということはできるわけもなく、園で起こったことは園で対応するという姿勢を貫きます。

　ところで、保護者が謝罪を要求するまでにこじれた原因については把握していますか。片方の子がいつも一方的にやられていると感じていて、それが子どもから保護者に伝わっているのでしょうか。

　子どもの話す内容がすべて正しいとは限らず、保護者が誤解をしている可能性もあります。

　こうした事態にならないためには、あらかじめ客観的に見た2人のけんかの状況を保護者に伝えておくことが大切です。同時に、子どものけんかは悪いことではなく、仲よしでよく一緒に遊ぶからこそけんかになる、けんかを通して学ぶこともあるという子どもの発達についても、日ごろから伝えておくようにしましょう。

客観的に情報を
整理する

●けんかが起きたときのこと
　を正確に伝えられるよう、
　状況をメモする。
●保護者にはメモをもとに、
　できるだけ具体的にけんか
　の情報を伝える。

子どもの発達に
ついてこまめに
発信をする

●園だよりやクラスだよ
　りなどを活用して、子
　どもの人間関係の発達
　について伝える。

けんかと社会性の発達

　2歳から3歳くらいでは、まわりの子を気にしながらも、それぞれ一人ず
つ遊ぶ「平行（並行）遊び」に変わってきます。この時期はまだ自己中心的
なので、たとえば隣の子の持っているものが気になって突然奪うようなこ
とがあり、けんかが始まります。
　4歳になるとほかの子と競うようになり、勝負や競争を通して友だちとけ
んかになることがあります。子どもはけんかを通して、感情をコントロー
ルする力を学んでいきます。

Q-25

保護者

男性保育士。
おむつ替えを
拒否された

乳児クラスを担当している男性保育者。女児の保護者から「おむつ替えは女性保育士にしてほしい」と言われました。

保護者の感情に配慮し、
おむつ替えについては
要望に応えていきましょう。

　人権に対する意識が高まっている社会的背景もあり、乳児クラスを担当する男性保育者からよく聞く事例です。男性に女児のおむつ替えをしてもらうことに、理屈では割り切れない感情をもつ保護者はいます。

　園としては、男性保育者は男性である以前に保育の専門家であることを伝えながらも、おむつ替えについては保護者の要望に応えていったほうがよいでしょう。そのほかのかかわりについては、園としての方針を伝えたうえで、担当としてこれまでどおりの保育をおこなってよいと思います。

前向きに保育に取り組む

●保育全般を否定されたわけではないので、日々の子どもたちとのかかわりを大切にしていく。

保育者としての信頼を重ねる

●行事や日常のなかで子どもとのかかわりの様子を見せ、「この先生なら信頼できる」と思ってもらえるよう誠意をもってかかわる。

子どもの姿を通してアピールする

●保育のなかで子どもとの関係を深める。
●子どもが「○○先生大好き」と言葉や態度で示すことが、保護者へのアピールとなる。

Q.26

保護者

忘れ物の多い保護者

子どもの持ち物をいつも忘れる保護者。「困るのは〇〇ちゃんなので、準備をお願いします」と再三注意していますが、なかなか改善されません。

A

保護者自身が困難を抱えている可能性も考え、個別に対応します。

　保護者は「準備しなくては」と思ってはいても、生活をするのにせいいっぱいで気がまわらないのかもしれません。また、保護者自身、整理整頓ができない特性があるなど、「つい、うっかり」だけではない事情を抱えている場合もあります。

　いずれにしても、保護者には口頭で伝えるだけではない個別の対応が必要でしょう。翌日必要なものを連絡帳に書き、お迎え時にも「明日は〇〇を使いますので、必ず持ってきてください」などと具体的に伝えていきます。

　子どもの年齢によっては、準備するものを子どもに伝え、子どもが自分で準備をして保護者に確認してもらうようにするなどの対応も検討しましょう。

忘れ物防止策を保護者全員と共有する

- 忘れ物をしない工夫などを保護者会などの話題にする。
- おたよりのコラムにして伝える。

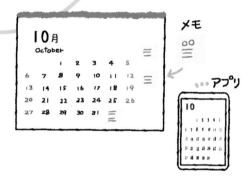

忘れ物防止策のアイデア

アイデアを紹介するときは、「こうしてください」ではなく、「私の場合ですが…」「私の忘れ物防止策です」「保育者からのアイデアです」というスタンスで紹介するとよいでしょう。保護者会でアイデアがでなかったときや、おたよりのコラムの参考にしてください。

- 持ち物を付箋やメモ用紙に書きだし、出かけるときに必ず目にするところ（玄関など）に置いたり、貼ったりする。

- 「おたより」の持ち物欄を切り取り、カレンダーの持っていく日のところに貼っておく。

- スマホのカレンダーアプリを利用し、持っていく日の朝、アラームを設定しておく。（夫とも共有）

Q27

保護者

保護者対応に差があると苦情が

特定の保護者とばかり仲よくしていると、別の保護者から指摘されました。自分では、そんなつもりはないのですが。

話しにくいと感じている保護者にも意識して声をかけていきましょう。

　自分ではそんなつもりはないと思っても、そう見えてしまう面もあったということです。まずは素直に、自分の行動を振り返ってみましょう。誰でも話しやすい保護者、話しにくい保護者はいるので、もしかしたら話しかける回数が特定の保護者に偏っていたのかもしれません。

　指摘をしてきた保護者は、自分にももっと話しかけてほしいと思っているのでしょう。その気持ちを受け止め、積極的に声をかけていきましょう。

　そして、一人ひとりの子どもをよく観察し、保育中の子どものエピソードなどを具体的に伝えるなど、その保護者以外の保護者にも、意識して声をかけていくようにしましょう。

同じ保護者とばかり
話していないかを
振り返る

- ●いつも同じ人とばかり話していないかを振り返る。
- ●送迎時、話したそうにしている保護者はいないか目を配る。

相手の目を見て
笑顔であいさつを
する

- ●からだを相手のほうに向け、目を見て、笑顔であいさつをする。

雑談のコツ

コミュニケーションの第一歩は、雑談から。
雑談を通して保育者と保護者とが互いに親近感を高めながら、信頼関係を築くことが大切です。
何を話していいか困ったら、「木戸に立てかけし衣食住（気候や季節・道楽・ニュース・旅・天気・家族・健康・仕事・衣服・食事・住まい）」を糸口にしましょう。

木（き） 気候や季節
例
「桜の花が咲き始めましたね。もうお花見されましたか？」

戸（ど） 道楽
例
「映画を観に行かれたんですね。○○ちゃんが、とってもおもしろかった、って教えてくれましたよ」

に ニュース
例
「今朝、地震がありましたね。最近、多いですね」

立（た） 旅
例
「○○ちゃんから聞いたのですが、連休にはキャンプに行かれたんですね。いかがでしたか？」

て	天気	例 「梅雨が明けたと思ったら、いきなり暑くなりましたね。今日も35度まで気温が上がるそうですよ」
か	家族	例 「○○ちゃんは、お兄ちゃんが大好きなんですね。園でもよくお兄ちゃんの話をしてくれますよ」
け	健康	例 「運動って何かされていますか。私は最近、ヨガを始めたんです。そのせいか風邪をひきにくくなりました」
し	仕事	例 「外まわりのお仕事は、雨の日は大変ですね。お気をつけてお出かけください」
衣	衣服	例 「きれいな色のストールですね！　華やかでいいですね」
食	食事	例 「○○ちゃんは辛いものが平気なんですね！　私は辛いものが苦手なので……」
住	住まい	例 「おうちのベランダから花火が見えるんですね。すてきですね」

Q28 公園を他園と共有

地域

園庭がないため、外遊びには公園を利用しています。
最近、ほかの園とバッティングするようになりました。
気持ちよく遊ぶためにはどうしたらよいでしょうか。

コミュニケーションをとり、使い方を相談しながら一緒に遊ぶことも視野に入れてみましょう。

　都心部では園庭のない保育園が増えているので、こうした悩みをよく聞きます。まずは、ほかの園とコミュニケーションをとり、使い方を相談することが大切です。

　クラスの人数や年齢、公園にどんな遊具があるのかにもよりますが、大勢でできる遊びを提案し、一緒に遊ぶとよいでしょう。

　0〜2歳児については、互いに遊ぶエリアを決めて、それぞれが危険のないように見守りながら遊ぶようにします。3歳児は、遊具で遊ぶグループと鬼ごっこやかけっこで遊ぶグループに分けて短時間ずつ遊ぶ、4〜5歳児は、鬼ごっこやドッチボールなどを提案してはどうでしょう。

　地域で他園とつながりができることは今後の保育運営に役立つとともに、子どもにとっても公共の遊び場でのルールを覚えたり、新しい友だちと遊ぶ楽しさを感じられる機会になるでしょう。

プラス

公園では遊ぶ
エリアを相談する

- 公園で、先に遊んでいる保育園や一般の人たちにあいさつをし、遊ぶエリアを相談する。

子どもたちにも、
みんなの公園である
ことを伝える

- ほかの子どもがいることに気づけるよう、小さい子やほかの園の子もいることを伝える。
- 公園はみんなで使うものであることを伝える。

狭い公園の場合は
バッティングを
避ける工夫をする

- 近隣の園同士で事前にスケジュールを伝え合い、使う日を互いに調整し合う。

公園で集団遊びをしないでほしいと言われた

地域

公園で子どもたちと遊んでいたら、地域の親子から「集団で遊ばれると危ないからやめてほしい」と言われてしまいました。

地域の親子に配慮しながら遊ばせ、子育て支援の機会として交流してみても。

　公園は園庭ではなく、地域の親子や一般の人など誰もが自由に安心して使用するための場です。そこで園児が集団で遊んでいたら、とくに年齢の小さい子どもなどは危険を感じることもあるでしょう。

　そこで公園に行く前に、その広さや設置遊具の種類などを把握し、対象年齢なども考慮しながら、連れていくクラスや人数を検討します。また、その公園の利用状況も確認し、乳児の利用が多いようなら、幼児クラスは連れていかないなど配慮しましょう。

　公園に行ったら、来ている親子に対しては必ず声をかけ、同じような年齢であれば一緒に遊んだり、帰る前にみんなで集まって手遊びや絵本の読み聞かせなどをおこない、そこに参加してもらうなどして、地域の子育て支援の機会にすることも大切です。

プラス

園内で情報を
共有する

●公園で注意を受けたことなどは園で情報を共有し、ほかのクラスが同じ行動をしないように気をつける。

公園についたら、
まずはあいさつをする

●公園は地域の親子や一般の人も利用する場であるということを忘れない。
●公園に着いたら、先に遊んでいる園や、親子、一般の人にあいさつをする。

遊んでいる親子に
園での子育て支援の
案内をする

●親子に声をかけて遊びに誘うだけでなく、園でおこなわれている子育て支援の案内をする。
●子育て支援のチラシなどを用意して、渡すのもよい。

Q·30

地域

地域の人からの
提案への対応

園の近所に畑を持っている人から「園で野菜を育ててみないか」と提案がありました。やってみようと思いますが、注意すべきことはありますか。

畑の持ち主の助言を得ながら
活動できるような関係づくりを

　地域の人からの申し出は、子どもの経験が広がる機会につながる、ありがたいお話ですね。また、保育所保育指針においても、食育の取り組みにおける地域との連携・協働の推進が望まれており、できれば前向きに検討することをおすすめします。

　畑の持ち主には、ていねいなお礼とともに、苗の植え方や肥料のやり方、生長の過程で注意すべきことなどを聞き、今後もわからないことがあったら質問させてもらいたい旨を伝えておきましょう。子どもたちの前で話をしてもらう機会をつくるのもよいでしょう。

　ただ、野菜を育てることは一時的な取り組みではありません。長期にわたる活動になり、また、自然相手ですので予期しないことが起こる可能性もあります。それらもふまえ園全体で話し合ってから決めましょう。

畑の持ち主には、こまめに相談・報告をする

● 畑の持ち主には年間の計画を伝え、相談をする。
● 畑での活動について事前・事後の報告を忘れない。

育てた野菜を地域の人との交流に役立てる

● 畑で育てた野菜を収穫し、調理して食事会を開催する。
● 食事会は、地域の人に手伝ってもらったり、招いたりする。

保育所保育指針における食育と地域との連携

保育所保育指針には、食育の取り組みと地域との連携・協働に関して、以下の記載があります。

保護者や地域の多様な関係者との連携及び協働の下で、食に関する取組が進められること。また、市町村の支援の下に、地域の関係機関等との日常的な連携を図り、必要な協力が得られるよう努めること。
（保育所保育指針／第3章　健康及び安全／2　食育の推進　(2)食育の環境の整備等）

Q31

地域

子育て支援で信用されない

地域の子育て支援で食事のアドバイスをしたら、「あなたみたいな若い人に何がわかるの?」と言われてしまいました。

落ち込まず、まずはゆっくり相手の話を聞くことから支援します。

　地域の子育て支援の相談担当を任されたのは、園があなたの保育の経験や人柄を信頼したからこそです。

　アドバイスをした方には、あなたのアドバイスが「親としてこうするべきだ」などの正論のように感じられ、思わず吐いた言葉なのかもしれません。

　落ち込まず、気持ちを切り替え、その人にどうすれば寄り添えるかを考えましょう。

　正しい答えをすぐに伝えようとせず、まずはゆっくり話を聞くことを大切にしましょう。やっていること、工夫していることを認め励ましながら、少しずつ提案していきます。「これだったらやってみようかな」と思えるようになっていく働きかけをしていきましょう。

うなずきながら話を聞く

● 相手が悩みを話しているときは、ゆっくりうなずきながら聞く。

● ときおり、相手の言葉をくり返し、しっかり聞いてもらっているという満足感を得られるようにする。

先輩の協力を得る

● 自分には対応がむずかしいと感じられる相談については、先輩に意見を聞いたり、対応を代わってもらう。

保護者対応のテクニック①
「対人援助スキル」

保護者が悩みを相談してきたときなどに役立つ「対人援助スキル」を紹介します。参考にしてください。

表情や態度で相手に安心感を与える

- ●表情や態度などは、言葉以上に大きな影響を与える。
- ●やわらかな表情や態度で、安心できる雰囲気をつくる。

波長を合わせる

- ●相手の気持ちや状況に寄り添う。
- ●表情や態度などに表れるサインも見逃さずキャッチする。

待つ

- ●話を急かさず、相手から話し出すことを待つ。

聴く

- ●自分から話したくなることを我慢して、まずは相手の話をよく聴く。

共感する

●聴いていることを表情や姿勢、態度などによって伝え感情に
　共感していることを示す。

理解する

●相手の気持ちを言葉にして明確化し、理解していることを示
　す。また、質問などもはさみ、相手がより自分の気持ちに気
　づけるようにする。

支持する

●相手の努力や思いを認め、これからどうするか一緒に考える。

保護者対応のテクニック②
「バイスティックの7原則」

「困っている人に対して、どうやれば効果的に手助けができるか」と
いった観点から、知識を体系化したものです。この技術は、相手が
子どもでも大人でも有効だとされています。

受容

相手の意見や考えを否定せず、まずは相手のある
がままを受け入れる。

チェック
- [ ] 相手の人となりを見極めているか
- [ ] 事実をありのまま受け止めているか

非審判的態度

相手に対して「それは間違っている」「よくない」
などと非難したり、否定したりしない。

チェック
- [ ] 常識にとらわれていないか
- [ ] ものごとを多面的にとらえているか
- [ ] 違う角度からも見ているか

意図的な感情表出

相手が自由に感情を出せるように工夫し、泣いたり
怒ったりなどの否定的な感情も認め心を軽くする。

チェック
- [ ] 話しやすい雰囲気を意識しているか
- [ ] 話す場所や座る位置を工夫しているか
- [ ] 相手がリラックスできているか

個別化

相手が抱える問題は、ほかの問題と似ているようであっても同じではない。敬意をもってとらえ、真摯に取り組む。

チェック

- [ ] 援助がパターン化していないか
- [ ] 偏見や先入観にとらわれていないか
- [ ] 自分のペースで話を進めていないか

自己決定の支援

説明したりともに考えたりしながら、問題解決に向けて相手が自分で決定することを支える。

チェック

- [ ] 相手が本来もっている生きる力や強さを把握しているか
- [ ] 相手の意思を確認しているか
- [ ] 緊急性はあるか
- [ ] 相手のまわりの人の援助は期待できるか

秘密保持

援助をおこなううえで必要な情報のみを収集し、第三者には他言せず、相手のプライバシーを守る。

チェック

- [ ] プライバシーを意識して接しているか
- [ ] 個人情報の管理はしっかりできているか

統制された情緒関与

相手の気持ちに共感はするが感情に巻き込まれず、冷静に向き合う。

チェック

- [ ] 自分の感情を自覚しているか
- [ ] 過度に感情移入をしていないか
- [ ] 平常心は保てているか

ご近所の方の 話し相手が苦痛

毎朝、子どもの受け入れ時に園の前で話しかけてくるおじいさんがいます。なかなか話が途切れず、相手をするのが苦痛です。

地域

世間話であれば、仕事中であることをきちんと伝えます。

　園に関心をもっているのでしょうか。ただ、話し相手を求めているだけなのでしょうか。それとも、園に対して何か伝えたいことがあるのでしょうか。そのあたりを見極め、対応するようにします。

　いずれにしても、あいさつだけは欠かさないようにし、世間話であれば、「今は仕事中なので、申し訳ございません」と伝えましょう。仕事中ですから、きちんと伝えることが大切です。

　それでも話が続き、話し相手を断りづらいのであれば、園長や主任に相談し、対応をお願いしてもよいでしょう。

プラス

ボランティアを
お願いする

●園長と情報を共有の
うえ、落ち葉はきな
どボランティアとし
て園内の作業などを
お願いしてみる。

地域の高齢者との
交流の機会をつくる

●あやとりやお手玉などの
昔の遊びを教えてもらう
などの行事を企画し、得
意なことを披露してもら
う。

Q33

地域

小学校との交流における注意点は？

年長クラスの子どもたちが、近所の小学校の行事に招待されました。小学校側にあらかじめ確認しておくべきことや、園内で準備しておくことはありますか。

担当者同士での打ち合わせは必須。情報を持ち帰り、園内で十分に検討します。

　まずは、小学校側の担当者と年長クラスの担任とで事前に打ち合わせをおこないます。どのような行事であるのか、小学校側がはどのような参加を求めているのかを確認します。そこで確認した情報を持ち帰り、園長や主任も含めた担当メンバーで共有しましょう。

　そして、子どもたちが期待をもって参加できるような伝え方についてや、小学校側の求めをふまえたうえでどのような参加の仕方が可能かを検討します。

行事の前に 子どもと小学校を 訪問する機会をつくる

- 行事当日に初めて小学校を 訪問するのではなく、事前 に散歩などの機会を利用し て、小学校に行く。
- できれば事前に、校内に入 らせてもらえるようにする。

継続的に交流できる ようにする

- 交流会後に、子どもからの 感謝の手紙や、保育者が感 じた子どもの様子などを伝 える。
- 園の行事への招待などを提 案し、継続的な関係がもて るようにする。

打ち合わせ時の確認事項

- 行事の内容、時間配分
- 小学校側の参加学年と交流に向けた事前の指導内容
- 当日の持ち物（特に上履き、雨天時の持ち物は確認）
- 小学校に到着してからの移動経路
- トイレの場所
- グループ分けなどの配慮

Q34 調理室の音や においに苦情

地域

調理室に面しているマンションの同じ住人から、「調理室の音やにおいが気になる」と、たびたび苦情が入ります。

苦情を申し入れてきた人の感覚を 尊重しながら対応をします。

苦情を申し入れてきた人は、働き方が不規則で昼間、睡眠をとる必要があったり、病気を抱えていたりなどの事情があるのかもしれません。また、そうではなくても、においや音の感じ方は個人差が出るものです。苦情を申し入れてきた人の感覚を尊重し、不快な思いをさせたことに対しては、その都度、謝罪しましょう。

「ほかの人からは何も言ってこないのに」とか、「また今日も」など、相手に対する不快な感情は相手にも伝わり、苦情が長引く原因になりかねません。

あなた個人への苦情ではないので、この苦情にどう対応するかについて園で共有し、その指示に従いましょう。

苦情には、不快な思いをさせたことに対してのみ謝罪する

● 「不快な思いをさせて申し訳ございません」と対応し、「園長がまいりますのでお待ちください」など、園の対応に従って伝える。

苦情対応をしたときは、記録をとる

●苦情対応の際は、しっかり記録をとる。
●給食室のにおいへの苦情については、やりとりの内容のほか、その日の天候やメニューなども記録する。

※においへの苦情がくり返しある場合、特定のメニューを調理しているときだけ苦情があるなど、何か気づくことがある。

不快な思いをさせて
申し訳ございません

Q35

地域

運動会の練習の
音がうるさいと
苦情

運動会の練習が始まりましたが、スピーカーの音や子どもの声がうるさいと近所から苦情が入っています。一保育者としてできる対応はありますか。

散歩などであいさつをする際に「運動会の練習でご迷惑をおかけしています」とひと言添える。

　運動会や夏祭りなど、園庭等でおこなう音の出る行事に関しては、園の対応として、あらかじめ手紙等を配布して伝えていると思います。とはいえ、配布したすべての人がきちんと読んでいるとは限らず、また、手紙が届いたから騒音を認めたということでもありません。

　連日聞こえてくる音は、意外に気になるものです。また、顔見知りの子どもの声はうるさくないが、知らない子どもの声はうるさいともいわれます。

　そのことを念頭において、散歩などの際には、「運動会の練習でご迷惑をおかけしています」などとひと言添えるとよいでしょう。

　また、日ごろから、散歩などで出会う近所の人に、保育者も子どもも笑顔であいさつをし、良好な関係を築いておくことを心がけましょう。

プラス

できるだけ音の
出ない工夫も必要

●可能な限り大きな音が出ないように工夫する。

・練習のときはスピーカーを使わずCDプレイヤーで対応する
・クラスごとなど小規模で練習する

近所の人にも参加を
呼びかける

●近所の人も楽しめるプログラムがあるときは、参加を呼びかける。
●近所の人も楽しめる内容を工夫し、招待する。

ふだんから園に
出入りしてもらう

●ボランティアとして出入りしてもらうなど、地域の人と交流する機会を多くつくる。
●日ごろから保育についての理解を深めてもらう努力をする。

Q36

地域

保護者の
路上駐車が
なくならない

送迎時、園の駐車場が狭く、保護者が園の近くに路上駐車をします。注意をしていますが、なかなかやめてくれません。

苦情の内容を手紙や掲示などで
具体的に知らせ、
保護者同士で話し合ってもらい、
モラル向上をはかりましょう。

　路上駐車は公のルールに反することなので、絶対にやめてもらわなければなりません。園として注意をするだけでなく、「近所からこのような苦情があった」「通報もされた」ということを手紙にしたり、目につく場所に掲示するなどして、保護者に知らせていきましょう。

　同時に、園としても改善策を検討するとともに、クラスごとの保護者会などでも議題にします。保護者同士が改善策を出し合うことで、モラル向上をはかるのもひとつの方法です。

　どうしても頻繁に問題が起こる場合は、園として車での送迎は自粛してもらう可能性があることも伝えます。そのような事態にならないよう、園と保護者が協力して、改善に向けた努力をする必要があるでしょう。

プラス

保護者会で 互いの送迎方法を 把握しあう

● 保護者会でそれぞれの
　送迎手段について話を
　してもらう。
● 駐車場の利用について、
　それぞれに考えを出し
　合う。

Q37

地域

送迎時の声が
うるさいと苦情

送迎時の保護者同士が話す声がうるさいと近所から
苦情が入りました。どのように対応すればよいでし
ょうか。

保護者対応したことを近隣に伝え、
誠意をみせていきます。

　送迎時、とくにお迎えの時間帯は、園の門や駐車場
周辺が保護者の交流の場になりやすいものです。苦情
の内容を園全体の問題として共有し、近隣の迷惑にな
る行為を慎んでもらうための対策を検討しましょう。
担任が保護者会時に伝えたり、園だよりなどに書いて
全保護者に配布するなど、地道な取り組みも必要です。
　誰が苦情を伝えたかがわかるようであれば、園とし
てどのような対応をしたか伝え、謝罪します。その後
も折を見て様子をうかがうなど、誠意をみせていきま
しょう。そして、また何か気づいたことがあれば教え
ていただけるようにお願いもしておきます。

園内に保護者が交流できる場所をつくる

● スペースに余裕があれば、園内に保護者交流コーナーを設ける。

園に親しみをもってもらう工夫をする

● 近隣の方と、保護者や子どもと顔見知りになる機会をつくる。
● 近隣にも園だよりを配布したり、行事に招待するなど、園を身近に感じてもらえるようにする。

近隣とのつき合い方

近隣からの園に対する苦情が、社会問題として取り上げられるケースが増えてきました。ここでは主な苦情の種類と対応のポイントについて紹介します。

苦情の種類

設備
↓
調理室からのにおい、園庭の砂ぼこり、落ち葉など

騒音
↓
子どもの声、保育者の声、放送、行事の際の音など

送迎
↓
保護者や子どもの雑談の声、路上駐車、渋滞など

注意！ 古くからある園で近隣と友好な関係を築いていたとしても、近隣の世代交代とともに問題がおこることもある。

対応のポイント

**小さな苦情の
うちに気づいて
対応する**

雑談のついでの苦情やちょっとした指摘であっても聞き逃さず、問題に気づいた時点で対応する。
たとえば、「もうすぐ運動会なのね？　朝から大きな音で音楽が聞こえてくるからびっくりするわ」といった会話は、騒音の苦情であると認識する。

**先入観をもたずに
苦情を聞く**

苦情を受けたとき、「あの人は変わり者だから」「高齢で神経質になっている」などと先入観で判断せず、しっかりと内容を聞く。

**職員全員で
共有する**

苦情の内容は職員全員で共有し、解決策を検討する。

**少しの改善でも
報告する**

苦情を言ってきた人に対しては、園で努力し改善した内容を知らせる。そして「このように対応してみましたが、いかがでしょうか」と尋ねる。

地域に貢献する

園が近隣に温かく見守ってもらうために、地域に貢献する。
たとえば、園の行事に招く、地域のイベントに参加したり手伝ったりする。